WILLIAM SHAKESPEARE

The
MERCHANT of VENICE
베니스의 상인

The MERCHANT of VENICE

AUTHOR **WILLIAM SHAKESPEARE**
WORDSMITH **JOHN F MCDONALD**
ILLUSTRATOR **VINOD KUMAR**
COLOURIST **ANIL CK**
LETTERER **LAXMI CHAND GUPTA**
EDITORS **DIVYA DUBEY, ANDREW DODD**
EDITOR (INFORMATIVE CONTENT) **RASHMI MENON**
PRODUCTION CONTROLLER **VISHAL SHARMA**
ART DIRECTOR **RAJESH NAGULAKONDA**
COVER ART **VINOD KUMAR, JAYAKRISHNAN KP**
DESIGNER **JAYAKRISHNAN KP**

Copyright © 2010 Kalyani Navyug Media Pvt Ltd

All rights reserved. Published by Campfire, an imprint of Kalyani Navyug Media Pvt Ltd.
Korean Translation Copyright © 2012 by Hyejiwon Publishing

No part of this publication may be reproduced, stored in a retrieval system, or transmitted in any form or by any means, electronic, mechanical, photocopying, recording, or otherwise, without written permission from the publisher.

ABOUT THE AUTHOR

Famously known as 'The Bard of Avon', William Shakespeare was born in Stratford-upon-Avon, most probably on 23rd April 1564. We say probably because till date, nobody has conclusive evidence for Shakespeare's birthday.

His father, John Shakespeare, was a successful local businessman and his mother, Mary Arden, was the daughter of a wealthy landowner. In 1582, an eighteen-year-old William married an older woman named Anne Hathaway. Soon, they had their first daughter, Susanna and later, another two children. William's only son, Hamnet, died at the tender age of eleven.

Translated into innumerable languages across the globe, Shakespeare's plays and sonnets are undoubtedly the most studied writings in the English language. A rare playwright, he excelled in tragedies, comedies, and histories. Skillfully combining entertainment with unmatched poetry, some of his most famous plays are *Othello, Macbeth, A Midsummer Night's Dream, Romeo* and *Juliet,* and *The Merchant of Venice,* among many others.

Shakespeare was also an actor. In 1599, he became one of the partners in the new Globe Theatre in London and a part owner of his own theatre company called 'The Chamberlain's Men' – a group of remarkable actors who were also business partners and close friends of Shakespeare. When Queen Elizabeth died in 1603 and was succeeded by her cousin King James of Scotland, 'The Chamberlain's Men' was renamed 'The King's Men'.

Shakespeare died in 1616. It is not clear how he died, although his vicar suggested it was from heavy drinking.

The characters he created and the stories he told have held the interest of people for the past 400 years! Till date, his plays are performed all over the world and have been turned into movies, comics, cartoons, operas, and musicals.

"Yes. Now what's your answer, Shylock?"

"Antonio says he has enough money to cover the loan, does he?"

"Have you heard anything different?"

"No, no, no, no, no!"

"It's just that his investments are... uncertain right now. He has one ship on its way to Africa, another to India, another to Mexico, and another to England... along with other vulnerable business abroad."

"Anything could happen. But despite this, you say the man is wealthy enough to guarantee your loan?"

"I assure you he is."

"I'll need to confirm that. Can I speak to him?"

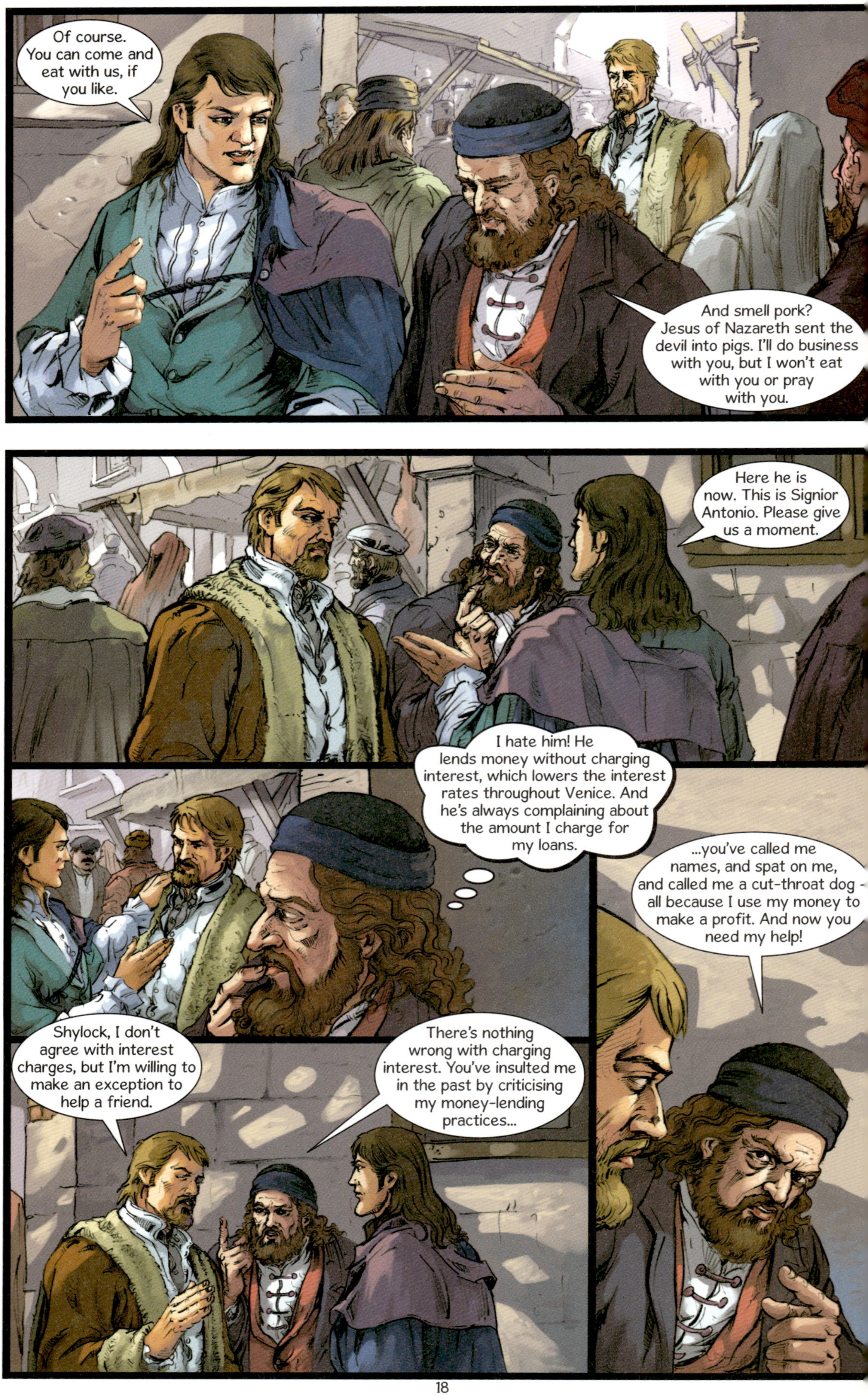

"I'll probably call you names and spit on you again!"

"If you won't lend the money as a friend, then lend it as an enemy. If I can't pay it back, it will be easy for you to take your revenge."

"I want to be friends with you. I want to forget your insults. I'll loan you the money... and I won't charge a penny interest. Are you listening?"

"That would be very kind of you."

"As a little joke, if you can't pay me back, let's agree that I can take a pound of flesh from any part of your body."

"It's a deal."

"I can't let you sign such a contract, Antonio!"

"Don't worry. I'll have plenty of money in a couple of months."

"And anyway, a pound of human flesh isn't as valuable as a pound of mutton or beef."

"Let's go and have the contract legally drawn up and signed."

"I haven't got the money on me. I'll get it from my friend, Tubal."

"Bring it to my house later tonight."

OOOF

I beg your pardon, Bassanio, sir. Please, let me come and work for you.

You're Shylock's servant. He's rich, I'm poor. Why would you want to work for me?

He starves me, sir.

In that case, go to my house and get yourself a uniform.

Thank you, sir.

Bassanio, let me come with you to Belmont.

You're too wild and rude, Gratiano. People don't know you there. They might get the wrong impression of me, and it could ruin my chances with Portia.

Don't worry. I'll be respectful, modest, and well-mannered, and I'll only swear now and then.

We'll see how you behave.

Tonight doesn't count though!

ACT 2 – SCENE 4

A street in Venice.

We'll need masks.

And we need torches.

We need to prepare properly.

It must be done right, or it's better not to do it at all.

ACT 2 – SCENE 5

Outside Shylock's house.

You'll soon see the difference between working for Bassanio and working for me. You won't be fed as well, or be able to sleep as well, or have such good clothes.

Jessica!

Jessica!

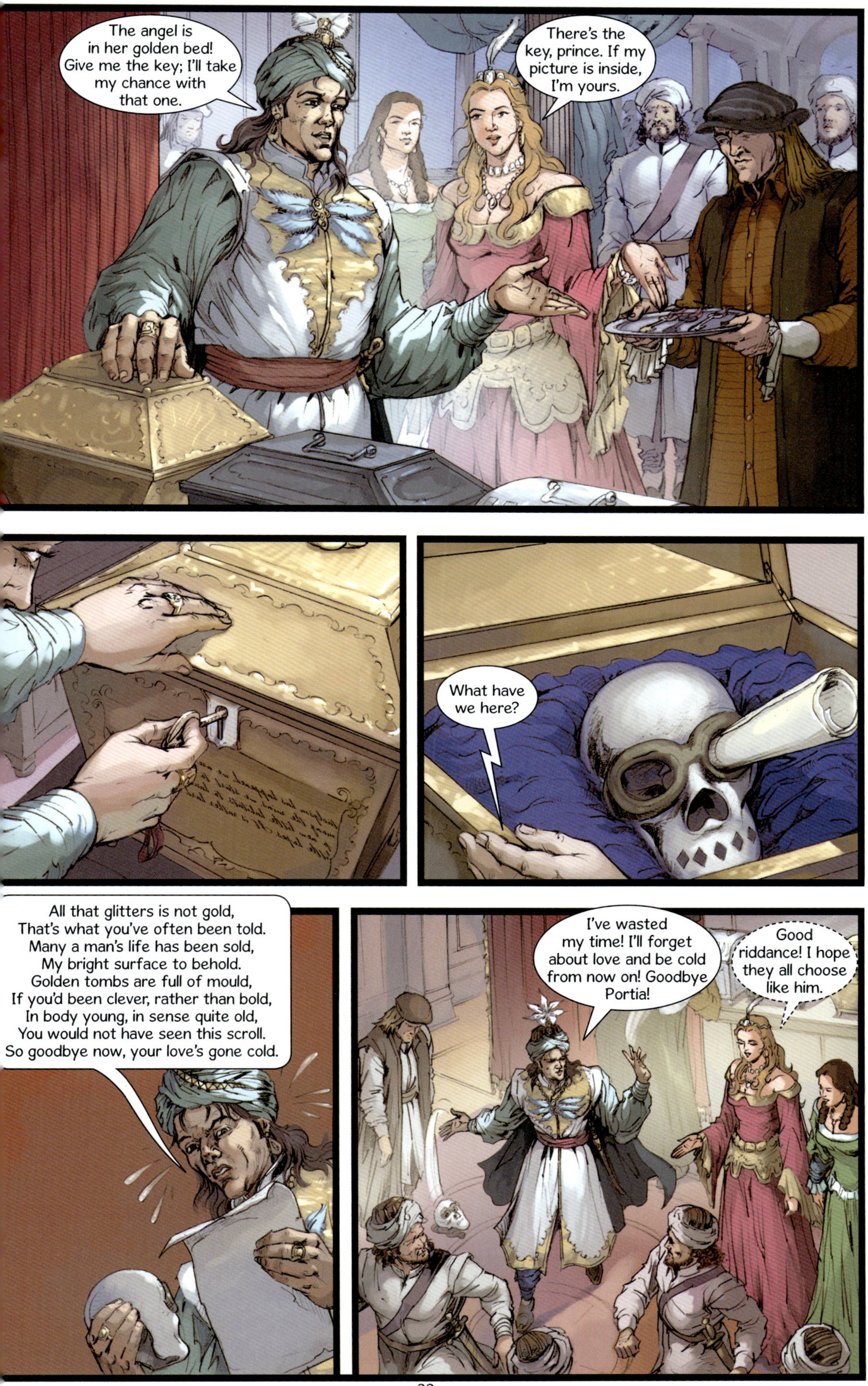

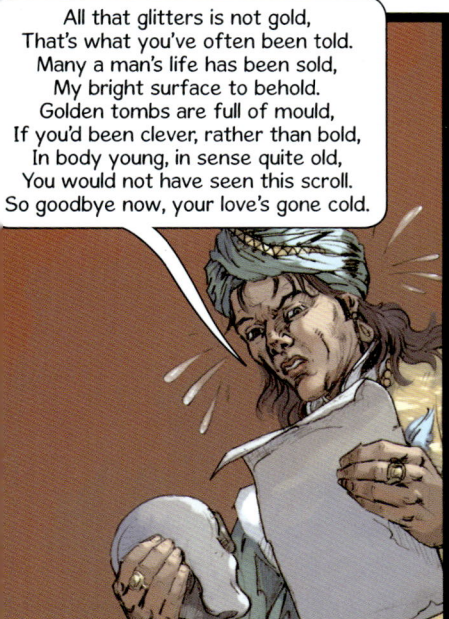

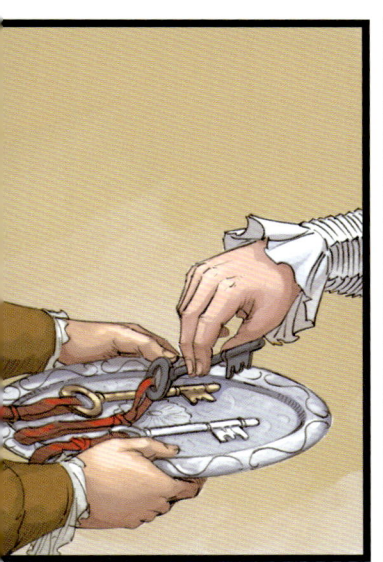

The triple marriage of Portia to Bassanio, Nerissa to Gratiano, and Jessica to Lorenzo took place immediately.

The celebrations went on into the night and Antonio's situation was forgotten, at least for the time being.

ACT 3 – SCENE 4

Belmont.

I admire what you've done, madam, allowing your husband to go off to help his friend like this. If you only knew the man you're helping - he's such a lovely person, and a faithful friend of Bassanio's.

If Antonio is Bassanio's friend, then he must be a good man. The money I've sent is a small price to pay to rescue him.

I hope you will agree to look after my house until my husband returns, Lorenzo.

You and Jessica will be masters of the house until Bassanio comes back. I have vowed to spend my time praying until then. Nerissa and I will stay in a monastery two miles away.

Madam, I'll do anything you ask.

Take this letter to my cousin, Bellario, the legal expert in Padua, as quickly as possible. And bring back whatever notes and garments he gives you.

I'll go as fast as I can, madam.

ACT 3 – SCENE 5

Portia's garden.

I have come here because I was worried about you, Jessica. I've always tried to be honest with you. The sins of fathers are often passed onto their children. There's only one hope.

What hope is that, Launcelot?

That your father isn't really your father. Maybe your father is someone else, not Shylock.

There is no hope of that.

Then, I'm afraid you'll be damned.

No, my husband will save me. I'm married to Lorenzo now, and he's a good man.

Married? He shouldn't have done that!

ACT 4 – SCENE 1

The court of justice, Venice.

I feel sorry for you, Antonio. Your enemy is a ruthless man.

My noble duke, I know you've done everything in your power to change his mind but, under the laws of Venice, there's no way out of this.

Shylock, nobody believes you'll go through with this. The penalty is a pound of this poor merchant's flesh, but we're sure you'll show him mercy.

What do you say? We all expect a positive answer from you.

I have told your grace what I intend to do. If you won't allow me to do it, the charter and freedom of Venice will be called into question.

If you want to know why I'd rather have a pound of flesh than three thousand ducats, let's just say... because I feel like it!

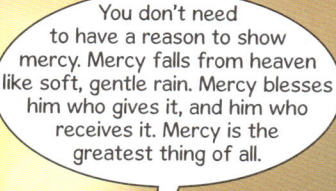

ACT 5 – SCENE 1

The avenue leading to Portia's house.

On a night like this, Troilus fell in love with Cressida.

On a night like this, Dido fell in love with Æneas.

On a night like this, Jessica ran away from her rich father to be with her poor lover.

On a night like this, Lorenzo stole her heart away with vows of love.

Who are you?

Sir, I've been sent to tell you that my mistress, Portia, will arrive back in Belmont before daybreak.

RIDDLES AND GIGGLES!

Many of Shakespeare's plays have riddles that baffle the reader. The Merchant of Venice is one of them.

WHAT IS A RIDDLE?

A deliberately mysterious or confusing question that requires a thoughtful and witty answer is called a riddle. It is like a guessing game, and is part of the folklore of many ancient cultures.

ARE YOU A RIDDLE WHIZZ?

Can you solve the riddles below? All you have to do is think out of the box! For every right answer, you get 2 points.
(Answers are at the bottom of the page, but no cheating!)

WHAT AM I?

1. You can hold me without your hands.
2. I cannot be seen but only heard, and will not speak unless I am spoken to.
3. I am an insect, and the first half of my name reveals another insect. A famous musical band had a name similar to mine.
4. I can run but can't walk; I have a mouth but can't talk; I have a bed but never sleep.
5. I've been around for millions of years, but I'm never more than 28 days old.
6. The more you take of me, the more of me you leave behind.
7. I hold all that has been and all that will be; with a device you can see me; when I am short you race me; I am valuable, and once lost I am gone for good.

Results

12-14 points: You're a super-duper riddle whizz!

6-10 points: You're good at solving riddles.

2-4 points: We're sure you can be a riddle whizz if you practice solving more riddles.

Answers: 1. Breath 2. Echo 3. Beetle 4. River 5. Moon 6. Footsteps 7. Time

Some more tricky ones:

1. What animal's name is 3 letters long, and if you take away the first letter, you have a bigger animal?
2. If you count 20 houses on your right going to school, and 20 houses on your left coming home, how many houses have you counted in all?
3. What is yours, but is used more by others?

Answers – 1. Fox 2. 20. You counted the same houses going and coming. 3. Your name

Did you know?

- One of the planet Uranus's moons is named 'Portia'?
- Shakespeare's main source for the play was *The Jew of Malta* by Christopher Marlow, another successful playwright before Shakespeare? In this play, the main character, Barabas, is hated so much that his enemies boil him in a cauldron!

QUOTABLES FROM THE MERCHANT OF VENICE

'All that glisters is not gold.' These days, however, this quote is more famous as 'All that glitters is not gold'.

What it means is: *Just because something looks attractive, it does not mean that it is genuine or valuable.*

'In the twinkling of an eye.'

What it means is: *Very quickly*

'The devil can cite scripture for his purpose.'

What it means is: *Evil people sometimes try to win the confidence of others by saying good things.*

Hyejiwon English-Korean Graphic Novels Series

혜지원 영한 대역 그래픽 노블 시리즈는
여러분께 영어 학습 효과는 물론 재미와 감동까지 선사합니다.

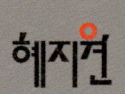 

그래픽 노블 시리즈
지킬 박사와 하이드 정가 : 12,000원

그래픽 노블 시리즈
베니스의 상인 정가 : 12,000원

그래픽 노블 시리즈
타임머신 정가 : 12,000원

그래픽 노블 시리즈
오즈의 마법사 정가 : 12,000원

혜지원 Graphic Novel Series

그래픽 노블 시리즈
황야의 부름   정가 : 12,000원

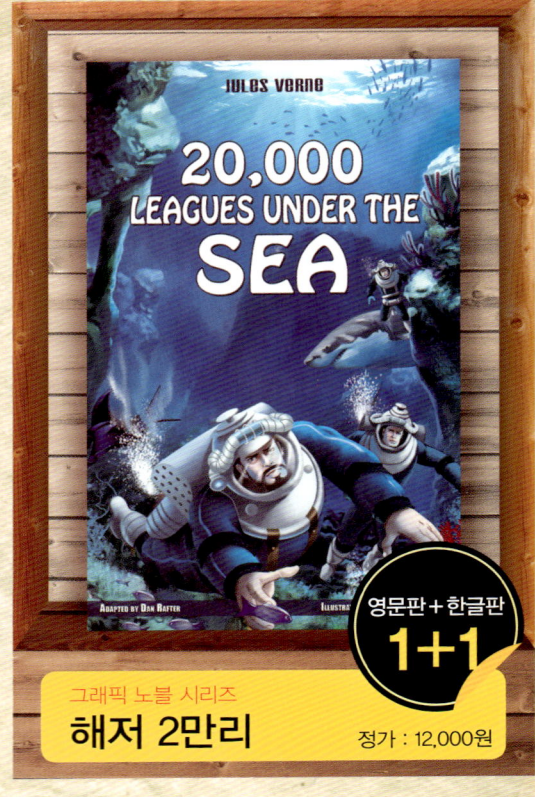

그래픽 노블 시리즈
해저 2만리   정가 : 12,000원

그래픽 노블 시리즈
왕자와 거지   정가 : 12,000원

그래픽 노블 시리즈
크리스마스 캐럴   정가 : 12,000원

그래픽 노블 시리즈
로미오와 줄리엣 정가 : 12,000원

그래픽 노블 시리즈
모비딕 정가 : 12,000원

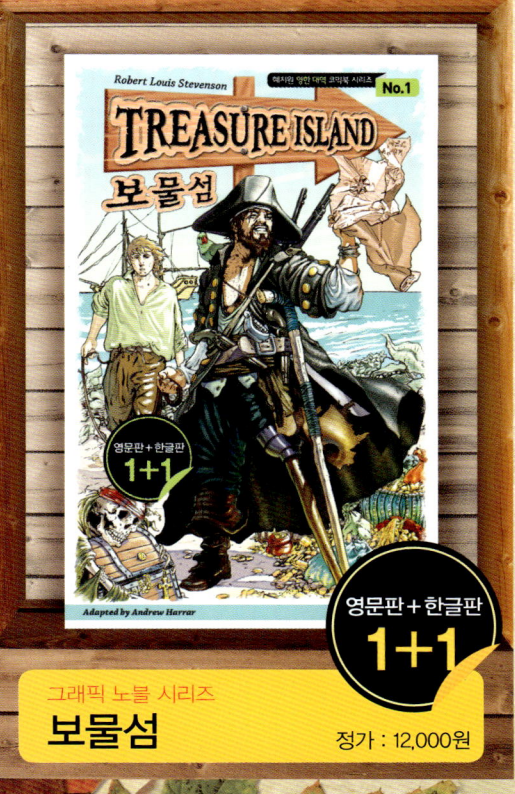

그래픽 노블 시리즈
보물섬 정가 : 12,000원

그래픽 노블 시리즈
톰소여의 모험 정가 : 12,000원

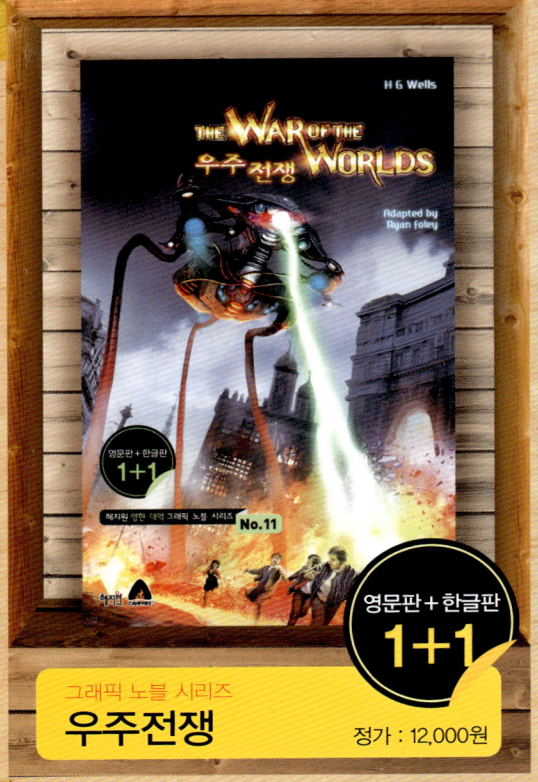

그래픽 노블 시리즈
우주전쟁 정가 : 12,000원

그래픽 노블 시리즈
걸리버 여행기 정가 : 12,000원

그래픽 노블 시리즈
돈키호테 Part1 정가 : 12,000원

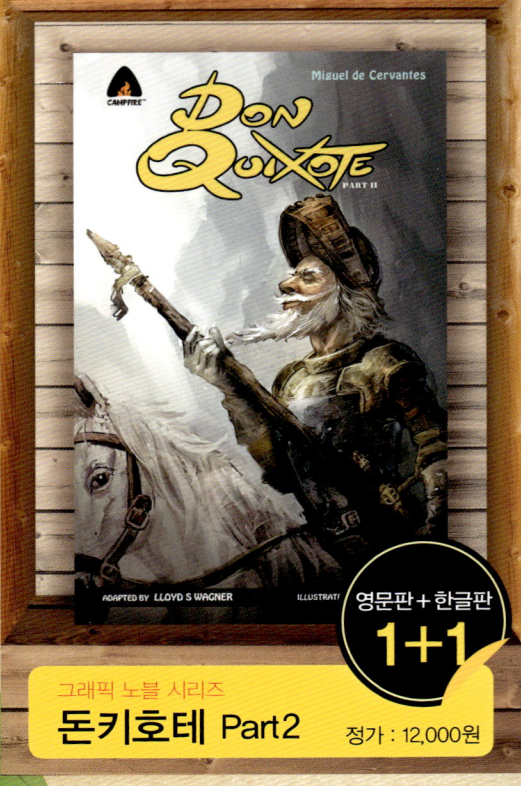

그래픽 노블 시리즈
돈키호테 Part2 정가 : 12,000원

윌리엄 셰익스피어 원저

베니스의 상인

옮긴이 **이수민**은 서울에서 태어나 한영외국어고등학교를 졸업하고, 연세대학교 국제학부에 들어갔습니다. 지금은 인도 총리를 지냈던 마하트마 간디, 과학자 알렉산더 그레이엄 벨, 영화감독 히치콕 등을 배출한 영국 최고의 명문 공립대학교 유니버시티 칼리지 런던의 영문학과에서 영문학을 전공하고 있습니다. 번역서로는 『로미오와 줄리엣』이 있습니다.

초판 인쇄일 | 2012년 5월 5일
초판 발행일 | 2012년 5월 11일
지은이 | William Shakespeare
번역자 | 이수민
발행인 | 박정모
발행처 | 도서출판 혜지원
주소 | 서울시 동대문구 장안1동 420-3호
전화 | 02)2212-1227
팩스 | 02)2247-1227
홈페이지 | http://www.hyejiwon.co.kr

편집진행 | 김형진, 이희경
전산편집 | 이희경
표지디자인 | 안홍준
영업마케팅 | 김남권, 황대일, 서지영
ISBN | 978-89-8379-722-3
         978-89-8379-710-0 (세트)
정가 | 12,000원

Copyright © 2010 Kalyani Navyug Media Pvt Ltd
Published by Campfire, an imprint of Kalyani Navyug Media Pvt Ltd.
Korean Translation Copyright © 2012 by Hyejiwon Publishing
All rights reserved.
Including the rights of reproduction in whole or in part in any form.

이 책은 한국판 저작권을 Campfire와 혜지원이 독점 계약하여 펴내는 책으로 저작권법에 의해 보호를 받는 저작물이므로 어떠한 형태의 무단 전재나 복제를 금합니다.

● 잘못 만들어진 책은 구입한 서점에서 교환해 드립니다.

작가에 대하여

'에이번의 시인'으로 널리 알려진 윌리엄 셰익스피어는 1564년 4월 23일(추정) 스트랫 포드 시 에이번에서 태어났습니다. 지금까지 아무에게도 셰익스피어의 생일에 대한 결정적인 증거가 없기 때문에 우리는 추정하고 있습니다.

그의 아버지 존 셰익스피어는 성공적인 현지 사업가였고, 그의 어머니 메리 아덴은 부유한 토지 소유자의 딸이었습니다. 1582년, 열여덟 살의 윌리엄은 앤 해서웨이라는 이름의 연상녀와 결혼했고, 그들은 곧 첫 번째 딸 수잔나와 다른 두 명의 아이를 가졌습니다. 윌리엄의 유일한 아들 햄넷은 열한 살의 어린 나이에 사망했습니다.

전 세계 수많은 언어로 번역된 셰익스피어의 연극과 소네트(정형시)는 의심의 여지없이 영국에서 가장 많이 연구된 문학입니다. 희귀 극작가인 그는 비극, 희극, 그리고 역사에 탁월했습니다. 최고의 시와 재미가 결합된 그의 작품 중 가장 유명한 극본은 **오델로, 멕베스, 한여름 밤의 꿈, 로미오와 줄리엣**, 그리고 **베니스의 상인**입니다.

셰익스피어는 배우이기도 했습니다. 1599년 그는 런던의 뉴 글로브 극장의 운영자 중 한 명이 되었고, '챔버레인의 남자들'(셰익스피어의 사업 파트너이자 친구이기도 한 훌륭한 배우들 그룹) 이라 불리는 극장의 공동 소유자가 되었습니다. 1603년 엘리자베스 여왕이 사망하고 그의 사촌인 스코틀랜드의 제임스 왕이 이를 계승했을 때, '챔버레인의 남자들'은 '왕의 남자'로 이름이 바뀌었습니다.

셰익스피어는 1616년 사망했습니다. 그 원인은 정확하지 않지만 그의 목사의 추정에 의하면 지나친 음주 때문이라고 합니다.

그가 창조해낸 캐릭터들과 그가 쓴 이야기들은 지난 400년간 사람들의 관심을 받아 왔습니다! 지금까지 그의 연극은 전 세계에서 공연되고 있고, 영화, 만화, 오페라, 뮤지컬로도 변환되어 전해지고 있습니다.

그 베네치아 분 기억나세요? 몬페라토 후작과 함께 여기 한 번 오셨던 분이요.

그래, 그래. 이름이 아마 바사니오였지.

맞아요. 그분이야말로 다른 분들보다 사랑스러운 아내를 얻을 자격이 있어요.

청년 분들이 떠나면서 작별 인사를 하고 싶어 합니다, 아가씨. 그리고 모로코 왕자께서 보내신 전령이 왔습니다. 왕자께서 오늘 밤 도착하신답니다.

다른 분들에게 '안녕히 가세요.'라고 말할 때처럼 기쁘게 '어서 오세요.'라고 말할 수만 있다면 그를 만나는 게 행복할 텐데. 그가 내게 사랑을 구하기보다 내 말을 들어주러 오는 것이었으면 좋겠어.

가자, 네리사. 한 명의 구혼자를 내보내자마자 다른 사람이 문을 두드리기 시작하는구나!

15

나는 또 당신을 욕하고 침을 뱉을 수도 있소!
친구로서 돈을 빌려주지 않을 작정이면 적으로서라도 빌려주시오. 만일 내가 갚지 못하면 복수하기가 쉬울 거요.
저는 나리와 친구가 되고 싶습니다요. 나리가 제게 퍼부은 모욕도 잊고 싶고요. 돈을 빌려드리리다…… 이자도 한 푼 받지 않고. 듣고 계십니까?
그렇게 해주면 정말 고맙겠소.
장난삼아, 만약 갚지 못하면 제가 나리 몸 어느 곳에서든 살을 1파운드만 떼어낼 수 있다고 해 두죠.
좋소. 그렇게 합시다.
그럼 가서 법정 계약서를 쓰고 서명하지요.
자네가 그런 계약서에 서명하게 할 순 없네, 안토니오!
걱정 말게. 두어 달 안에 큰돈이 들어올 걸세.
어차피 인간의 살 1파운드는 양고기나 소고기 1파운드보다도 가치가 없죠.
지금은 제 수중에 돈이 없으니 친구 튜발에게 가서 가져오겠습니다요.
오늘 밤 우리 집으로 갖다 주시오.
POUND OF FLESH

2막 1장
벨몬트, 포샤의 집.
모로코
왕자님께서
오셨습니다.
난 태양 아래
태어나고 자란 몸, 꽁꽁
얼어붙은 북쪽의 모든
남자들보다 낫소!
당신은 저의
다른 구혼자들만큼
훌륭하시지만, 아버지께서
만드신 시험을 치르셔야
해요.
보석함을 보여
주시오! 난 지구상에서
가장 용감한 사람보다
용감하지만, 실패한다면
슬픔으로 죽고
말 것이오.
맞지 않는
상자를 고르시면
저와는 결코 결혼할
수 없어요. 신중히
생각해 주세요.
내 운을
한 번
믿어보겠소!
먼저
교회로 가셔야 해요.
보석함은 저녁식사
후에 고르시지요.
나는 세상에서
가장 운 좋은
남자…… 혹은 가장
운이 나쁜 남자가
되겠군.
뚜벅 뚜벅

우악
넌 샤일록의 하인이구나. 그는 돈이 많고 나는 가난하다. 하필 왜 날 위해 일하려고 하지?
죄송합니다만, 바사니오 씨, 제발 당신을 위해 일하게 해주세요.
그분은 저를 굶기십니다.
그렇다면, 우리 집에 가서 복장을 갖춰 입어라.
감사합니다, 나리.
바사니오, 나도 자네와 함께 벨몬트에 가게 해주게.
자네는 너무 거칠고 예의가 없어, 그라시아노. 그곳 사람들은 자네를 몰라. 나에 대해 나쁜 인상이라도 갖는다면 포샤와 잘될 기회를 망쳐버릴 수도 있다구.
걱정 말라니까. 공손하고 겸손하고 매너좋게 행동하고, 욕은 가끔씩만 할 테니까.
자네가 어떻게 행동하는지 두고 보자고.
그래도 오늘 밤은 빼줘야 돼!

2막 4장

베니스의 거리.

가면이 필요할 거야.

완벽하게 준비해야 돼.

횃불도 필요해.

제대로 해야 돼, 그러지 못할 바에는 아예 안 하는 게 나아.

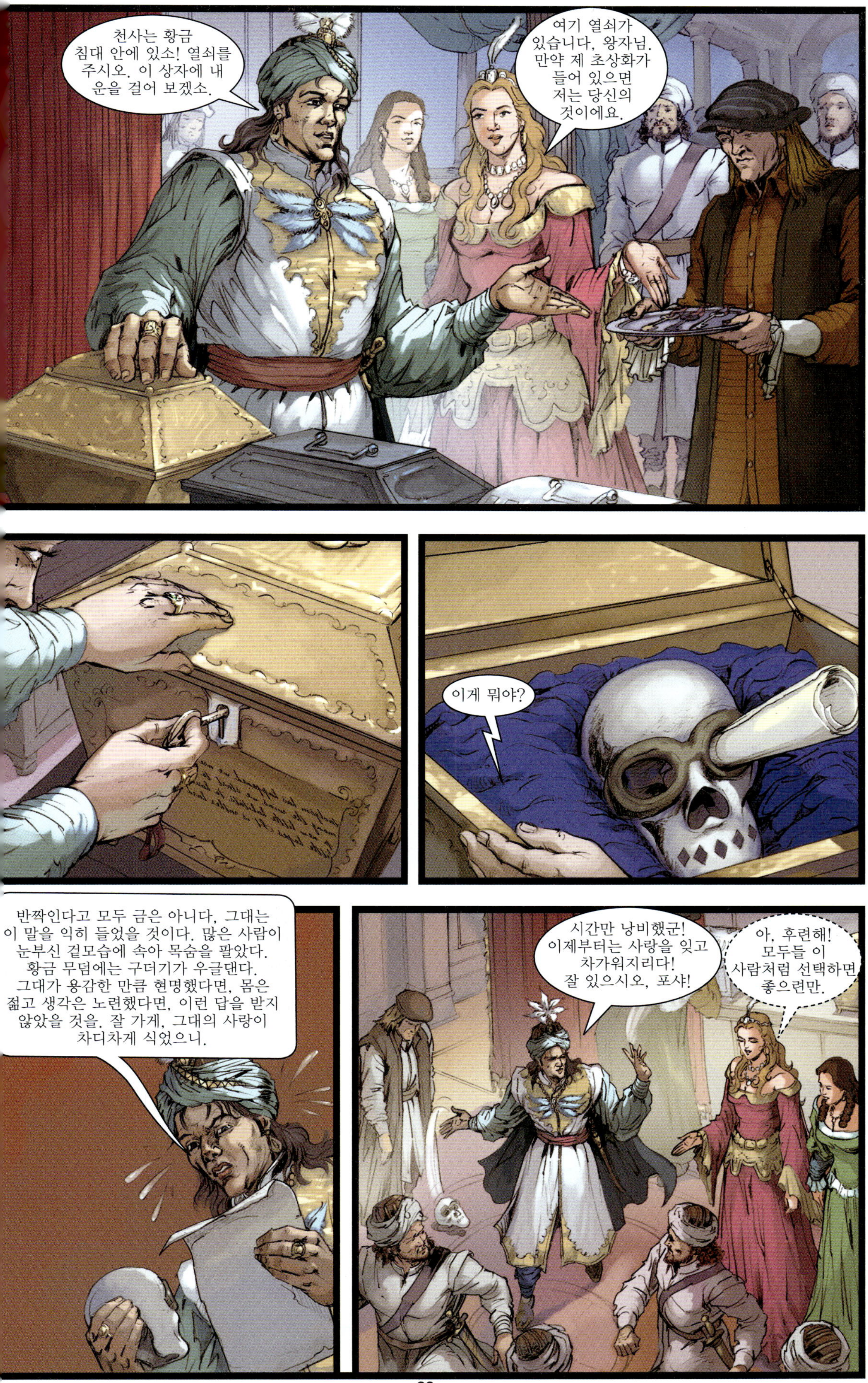

2막 8장

베니스.

살레니오, 분명히 말하는데, 바사니오와 그라시아노가 배를 타고 가는 걸 봤지만 로렌조는 같이 있지 않았어.

샤일록이 베니스 공작에게 그렇다고 말했는데……

그리고 그들은 바사니오의 배를 찾으러 갔어.

로렌조와 제시카는 곤돌라를 타고 도망쳤어. 안토니오는 공작에게 두 사람이 바사니오의 배를 절대로 타지 않았다고 말했어.

하지만 너무 늦게 도착했지. 배는 이미 떠나고 없었어.

샤일록은 자기 딸에게 화가 치밀어 고래고래 소리를 지르고 한바탕 난리를 쳤어.

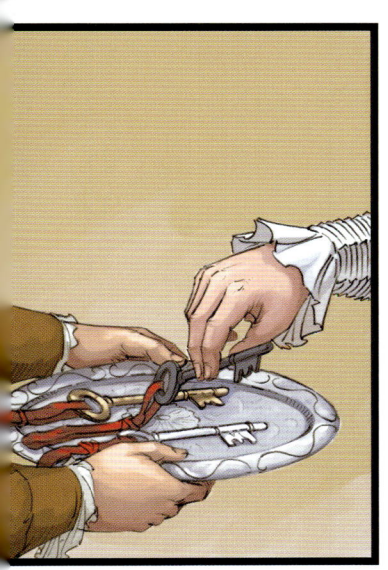

포샤와 바사니오, 네리사와 그라시아노, 제시카와 로렌조, 세 쌍의 합동 결혼식이 즉시 거행되었다.

축하 행사는 밤늦게까지 계속되었고, 최소한 이때만큼은 안토니오의 문제는 잊혀졌다.

3막 4장

벨몬트.

부인의 행동이 존경스럽습니다. 남편이 친구를 도우러 가도록 허락해 주셔서요. 부인께서 도와드리는 분이 어떤 분인지 아셨다면 - 그분은 아주 훌륭하신 분입니다. 바사니오의 믿음직한 친구고요.

안토니오라는 분이 바사니오의 친구라면 틀림없이 좋은 분일 거예요. 제가 보내드린 돈은 그분을 구하기 위한 작은 대가에 불과하지요.

제 남편이 돌아올 때까지 저희 집 좀 보살펴 주세요. 로렌조.

바사니오가 다시 올 때까지는 당신과 제시카가 이 집의 주인이에요. 저는 그 때까지 기도하면서 지내겠다고 약속했어요. 네리사와 저는 3km 쯤 떨어진 곳에 있는 수도원에 머물 거예요.

부인께서 부탁하시는 일이라면 뭐든지 하겠습니다.

이 편지를 파두아의 법률가인 내 사촌 벨라리오에게 전해줘. 최대한 빨리. 그리고 그분이 주는 서류와 옷을 가져다 줘.

최대한 빨리 가겠습니다. 부인.

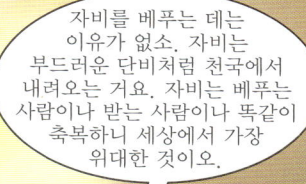

혜지원 영한 대역 그래픽 노블 시리즈를 펴내며...

혜지원의 영한 대역 그래픽 노블 시리즈는 오랜 기간 전 세계인들에게 사랑 받아 온 고전과 위인들에 관한 이야기를 만화로 엮었습니다. 긴 시간 많은 사람에게 읽히고 그 가치를 인정 받아 온 고전에는 재미와 빛나는 철학이 담겨 있습니다. 또한 우리는 전기를 통해 저명한 인물의 삶과 시대를 탐험해 볼 수 있습니다.

이러한 고전과 위인전을 영어와 한글 두 가지 버전으로 모두 담아 그 내용을 더욱 깊이 이해하는 한편, 영어 실력 향상도 기대할 수 있도록 했습니다. 각각의 버전을 비교해서 읽으며 영어와 한글의 차이를 느껴 보는 것도 신선한 경험이 될 것이며, 재미있게 영어를 공부하는 기회도 될 것입니다.

상상력을 자극하는 이야기들을 섬세한 그림체로 구현해낸 혜지원의 그래픽 노블 시리즈를 통해 이야기에 더욱 몰입할 수 있습니다. 어렵고 긴 내용을 읽기 편한 길이와 만화로 담아 가독성을 높였으며, 원문을 최대한 살리되 이야기를 효과적으로 전달하기 위해 노력했습니다.

혜지원의 영한 대역 그래픽 노블 시리즈를 통해 이야기가 주는 매력에 푹 빠져 보세요. 상상력의 지평이 더욱 넓어지는 놀라운 경험을 하게 될 것입니다.

재미있는 수수께끼!

셰익스피어의 많은 작품에는 독자들을 궁금하게 하는 수수께끼가 있습니다.
『베니스의 상인』도 그 중 하나입니다.

수수께끼가 뭔가요?

사려 깊거나 재치 있는 답변을 요구하는 의도된 질문이나 혼란스러운 질문을
수수께끼라고 합니다. 이것은 추측 게임 같은 고대 민속 문화의 일부입니다.

당신은 수수께끼의 명인인가요?

아래의 수수께끼를 풀 수 있나요? 당신이 해야 할 일은 상자에 대해서 생각하는 것이 전부입니다! 정답을 맞히면 2점을 획득할 수 있어요.
(정답은 페이지 하단에 있습니다. 커닝은 안 돼요!)

나는 무엇일까요? - 영어 수수께끼입니다. 영문판에서 풀어보세요!

1. 당신은 땀 없이 나를 잡을 수 있어요.
2. 나는 볼 수 없고 들을 수만 있어요. 그리고 말할 수도 없어요.
3. 나는 곤충이고, 내 이름의 첫 절반의 단어는 다른 곤충을 지칭하는 말입니다. 유명한 밴드가 나와 비슷한 이름을 가지고 있어요.
4. 나는 달릴 수 있지만 걸을 수는 없어요. 나는 입이 있지만 말은 못 해요. 나는 침대는 있지만 잠은 절대 자지 않아요.
5. 나는 몇 억 년을 넘게 존재했지만 28일 넘게 살지 못 해요.
6. 당신이 나를 더 많이 가질수록, 당신은 더 많은 나를 버리게 돼요.
7. 나는 모든 된 것과 될 것을 가지고 있고, 당신이 나를 볼 수 있는 장치를 가지고 있어요. 당신이 나를 셀 때 나는 짧아지고, 나는 가치 있고, 내가 한 번 사라지면 영원히 나를 잃어요.

결과

12-14 점; 당신은 수수께끼 천재군요!

6-10 점; 당신은 수수께끼를 잘 푸네요.

2-4 점; 수수께끼 풀기를 더 연습하면 더 잘 풀 수 있을 거예요.

더 까다로운 문제들

1. 영어로 3글자이고, 첫 글자를 빼면 더 큰 동물이 되는 것은?
2. 당신이 등교하는 길의 오른쪽 집을 20채 세고, 오는 길에 왼쪽의 집을 20채 세면, 전체로 센 집은 몇 채인가요?
3. 당신의 것이지만 남들이 더 많이 사용하는 것은?

정답: 1. 여우 (FOX에서 F를 빼면 OX, 즉 황소임), 2. 20채 (같은 집들을 두 번 센 것이므로.), 3. 당신의 이름.

이거 알아요?

- 천왕성의 위성 중 하나가 '포샤'인 것 알았어요?
- 셰익스피어 연극의 주요 원천이 셰익스피어 이전 성공한 극작가인 크리스토퍼 메를로의 몰타의 유대인이었던 것 아나요? 이 극의 주요 인물 바라바스는 너무 미움을 받아서 그의 적들이 그를 가마솥에서 끓였다고 합니다!

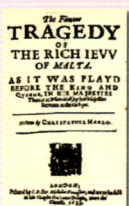

베니스의 상인 인용 글귀

'모두 반짝이는 것이 금은 아니다.'
이것은 어떤 것이 겉으로 매력적으로 보일지라도 그것이 모두 가치 있는 것은 아니라는 의미입니다.

'눈 깜짝할 사이에'
이것은 매우 빠른 시간을 뜻합니다.

'악마는 자신의 목적을 위해 성경을 인용할 수 있다.'
이것은 악마 같은 사람들은 다른 사람들을 이기기 위해 좋은 것들을 이용하여 신뢰를 얻으려 한다는 의미입니다.

Hyejiwon English-Korean Graphic Novels Series

혜지원 영한 대역 그래픽 노블 시리즈는
여러분께 영어 학습 효과는 물론 재미와 감동까지 선사합니다.